Klara & Theo

Detektiv w

Klara & Theo

Detektiv wider Willen

Klett-Langenscheidt

München

Leichte Krimis
für Jugendliche in drei Stufen

Detektiv wider Willen
– mit Mini-CD

Stufe 1

www.klett-langenscheidt.de

1. Auflage   1 6 5 4 3 2 | 2017 16 15 14 13

© Klett-Langenscheidt GmbH, München, 2013
Erstausgabe erschienen 2007 bei der Langenscheidt KG, München
Druck und Bindung: Druckerei A. Plenk KG, Berchtesgaden

ISBN 978-3-12-606440-8

Die Hauptpersonen dieser Geschichte sind:

Dr. Schmidt: Lehrer, seit zwei Jahren an der Schule. Er unterrichtet Mathematik und Biologie in der Klasse 8b. Er wirkt manchmal ein bisschen komisch und altmodisch, aber er ist nett und die Schüler und Schülerinnen mögen ihn.

Einstein (Albert Neumann): 13 Jahre alt, Klasse 8b, ein Genie in Mathematik und am Computer. Außerdem liebt und züchtet er Kaninchen.

Olli (Oliver Claasen): 14 Jahre alt, Klassensprecher der 8b. Seine Hobbys: Fußball, Inline-Skaten und Musik. Für die Schule hat er nicht viel Zeit.

Jessica (Jessica Berger): 13 Jahre alt, die größte in der Klasse 8b. Sie ist gut in der Schule und reitet gern.

Moon (Carla Nowek): 13 Jahre alt, Klasse 8b. Ihre Mutter kommt aus Korea.

1

„Einmal das Menü mit Hamburger und Pommes[1], bitte!"

„Die Pommes mit Ketchup oder mit Majonäse?"

„Mit Majo,[2] bitte."

„Und welches Getränk?"

„Eine Cola, bitte."

„Noch einen Nachtisch dazu? Apfelkuchen oder Eis?"

„Apfelkuchen."

„Macht zusammen fünf Euro zwanzig."

„Hier, bitte."

„Danke schön und guten Appetit!"

Den letzten Satz hört Albert Neumann nicht mehr. Er balanciert sein Tablett schnell zu einem freien Tisch. Albert hat Hunger! Und wenn Albert Hunger hat, bekommt er sehr schnell schlechte Laune.

Albert ist 13 Jahre alt und geht in die Klasse 8b. Er ist ein bisschen dick – zu viel fast food[3] – und ziemlich unsportlich. Aber er ist ein Genie in Mathematik und am Computer, deshalb nennen ihn alle in der Klasse „Einstein". Einstein hat ein ganz besonderes Hobby: Er züchtet Kaninchen!

Normalerweise isst Einstein mittags zu Hause. Aber diese Woche ist seine Mutter mittags nicht da. Am Morgen hat sie ihm Geld gegeben: „Kauf dir etwas Ordentliches!"
Damit meint sie Obst oder Joghurt, auf jeden Fall etwas Gesundes. Aber Einstein liebt Hamburger!

Einstein isst sein Menü.
Soll er noch eine Portion Pommes holen? Diesmal vielleicht mit Ketchup?

„… Lastwagen … 24 … Uhr … Sei pünktlich!"
„Sprich leise, Mann. Dich hört ja das ganze Lokal."
Am Nebentisch unterhalten sich drei Männer.

Einstein geht zur Theke und holt noch eine Portion Pommes.
Die drei Männer beobachten ihn misstrauisch.
Er isst seine Pommes.
Die drei am Nebentisch flüstern.
Das macht Einstein neugierig.

„Skizze … Nacht … Lagerhaus … muss schnell gehen!"
„Hier sind deine zehntausend … Los."
„Mann, nimm den Plan mit, Idiot!"
Die drei Männer gehen.

Einstein ist satt und zufrieden. Er nimmt sein Tablett und steht auf. Die Männer am Nebentisch haben ihre Reste stehen lassen. Auf einem Tablett liegt ein zerknülltes Blatt Papier.

Vorsichtig streicht Einstein das Blatt glatt. Er hat es einfach mitgenommen. Er sieht das Blatt genau an. Seltsam. Man sieht fast nichts, aber auf dem Blatt sind Linien und Wörter. Durchgedrückt von einem anderen Blatt. Das passiert, wenn man beim Schreiben fest aufdrückt.

Einstein holt einen Bleistift. „In Kriminalromanen funktioniert das auch immer", denkt er.

Er schraffiert das Papier vorsichtig grau. Tatsächlich erkennt man weiße Linien, eine Zahl und …? Er zeichnet die Linien nach.

„Hm, eine Skizze, wie ein Stadtplan. Und eine Zahl … 24 – ah: Mitternacht! Und diese komischen Linien …"
Einstein studiert die Skizze lange.

Aber er hat keine Idee.

„Albert, kommst du? Abendessen!"
Aus der Küche ruft Frau Neumann.
„Ich komme! Was gibt's denn?"
„Gemüse-Eintopf!"
„Wie gut, dass ich heute Mittag etwas Ordentliches gegessen habe", denkt Einstein.

Familie Neumann isst zu Abend. Nach dem Essen helfen Herr Neumann und Einstein in der Küche. Dann sitzt die Familie im Wohnzimmer und sieht fern. Fußball! Einstein interessiert sich null[4] für Fußball.
Um neun Uhr ist es Einstein zu langweilig.
„Ich gehe in mein Zimmer und surfe noch ein bisschen im Internet."
„Aber nicht zu lange! Morgen ist Schule!"
„Ja, Mama! Gute Nacht!"
„Du kannst ja mal nachfragen, wann der neue Computer endlich kommt", sagt Herr Neumann.
„O.k. Mach ich, Papa! Gute Nacht."

Einstein ist müde. Er checkt kurz seine E-Mails – keine neue Nachricht. Dann schreibt er eine kurze E-Mail an die Firma Digi-Service und geht ins Bett. Er schaut noch einmal auf die Skizze.
Plötzlich hat er eine Idee: „Die komischen Linien sehen aus wie Wellen. Vielleicht ein Fluss", denkt er. „Am besten, ich schau mal im Stadtplan nach. Aber heute nicht mehr, morgen …"

„Wann treffen wir uns?"

„Egal, du kannst auch gleich nach der Schule mit-
kommen. Meine Mutter ist diese Woche mittags
nicht zu Hause. Wir können auf dem Weg Hamburger holen …"

„Igitt[5], Einstein! Habt ihr Spaghetti zu Hause? Dann
koch ich uns ein Mittagessen!"

„Olli, du kannst kochen?"

„Klar! Selbst ist der Mann!"[6]

Olli geht auch in die Klasse 8b. Er ist schon 14 Jahre
alt und Klassensprecher in der 8b. Seine Hobbys
sind Fußball, Inline-Skaten und Musik. Schule findet er nicht so gut. Sein bester Freund ist Einstein.
Heute lernen sie zusammen für den Mathe-Test.

„Das war ja total lecker! Kompliment! Wo hast du das gelernt?"

Einstein hat zwei große Teller Spaghetti mit Tomatensoße und Käse gegessen.

„Bei mir ist mittags nie jemand zu Hause. Ich mag kalte Küche[7] nicht so und Spaghettikochen ist kinderleicht[8]."

„Ich spüle schnell ab. Du kannst schon mal in mein Zimmer gehen."

„O.k. Bis gleich."

Einstein hat die Küche aufgeräumt und geht in sein Zimmer. Olli steht am Schreibtisch und sieht sich die Skizze an.

„Ist das moderne Kunst oder so was?"

„Nein, das ist nur so eine Spielerei ..."

Einstein holt die Mathesachen, Papier und Bleistift.

„So, dann wollen wir mal!"

„Sieht aus wie ein Stück Stadtplan. Vom alten Hafen vielleicht."

„Wie bitte? Was sagst du?"

„Das hier, das sieht aus wie ein Stück Stadtplan vom alten Hafen."

„Wirklich? Kennst du die Gegend?"

„Klar! Da sind Lagerhäuser und so. Wir haben da früher mit der Band geübt. Wenn du Lust hast, fahren wir morgen einfach mal hin."

„Gern! Aber jetzt machen wir Mathe."

„Was sein muss, muss sein[9]", seufzt Olli. „Ein Test in Geografie wäre mir lieber ..."

„Drrring!!!!"
Der Wecker klingelt. Es ist 6 Uhr 30. Die Schule beginnt um 8.00 Uhr, aber Einstein hat noch eine Menge zu tun. Zuerst geht er ins Bad.
„Beeil dich, Albert! Das Frühstück ist fertig!"

„Obstsalat? Obstsalat zum Frühstück?"
„Ja, das ist gesund! Vitamine! Ein leichtes Frühstück und man geht beschwingt in den Tag."
„Gibt es keine Schoko-Pops[10] mehr?"
„Albert! Das ist doch kein Frühstück! Nur Zucker und Fett!"
Einstein schaut zu seinem Vater – aber der versteckt sich hinter der Zeitung.
„Hier ist dein Pausenbrot. Pack es gleich in die Schultasche!"
„Ja, Mama."

Einstein nimmt das Pausenbrot – mmh Salami! Soll er es gleich essen? Nein. Er packt es in seine Schultasche.
Dann schaltet er den Computer an und öffnet seine Mailbox. Eine neue Nachricht:

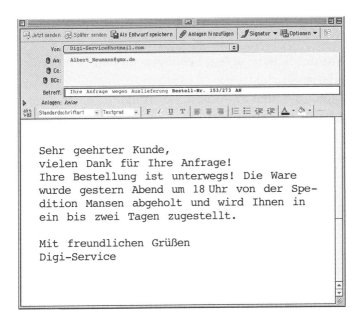

Sehr geehrter Kunde,
vielen Dank für Ihre Anfrage!
Ihre Bestellung ist unterwegs! Die Ware
wurde gestern Abend um 18 Uhr von der Spedition Mansen abgeholt und wird Ihnen in
ein bis zwei Tagen zugestellt.

Mit freundlichen Grüßen
Digi-Service

Endlich! In zwei Tagen kommt der neue Computer!
„Albert, ich gehe jetzt. Ich lege dir Geld fürs Mit-
tagessen auf den Tisch. Kauf dir was Ordentliches!
Tschüüs!"
„Mach ich, Mama! Tschüs!"

Vor der Schule stehen Schülerinnen und Schüler der
Klasse 8b.
Moon hat eine Zeitung in der Hand.
Alle rufen durcheinander:
„Lass mal sehen!"
„Jessi ist in der Zeitung! Mit Foto!"
„He, nicht drängeln! Immer mit der Ruhe!"[11]

Lokales
Turniersiegerin Jessica Berger

Jessica Berger ist Siegerin im großen Springturnier:
Null Fehler und Bestzeit. Auf unserem Foto sehen
Sie das junge Talent mit ihrem Pferd Geronimo. Der
Bürgermeister überreichte den Pokal der Stadt …

„Kann ich auch mal sehen?", fragt Einstein.

„Seit wann interessierst du dich für Sport?", lacht Moon und gibt ihm die Zeitung.

Einstein liest nicht den Artikel über das Reitturnier. Unten auf der Seite steht eine kleine Notiz:

Einbruch in Lagerhaus am alten Hafen

Kurz vor Mitternacht war das Lagerhaus der Spedition Mansen Ziel eines Einbruchs. Hausmeister Franz H: „Gegen null Uhr mache ich immer meinen Kontrollgang, da habe ich den Einbruch bemerkt. Die Einbrecher haben die ganze Lieferung gestohlen, die am Abend angekommen ist. Teure Elektronikartikel: Computer, Fernsehapparate und Musikanlagen." Die Polizei schätzt den Schaden auf 250.000 Euro.
Von den Dieben fehlt jede Spur …

„Spedition Mansen!", ruft Einstein entsetzt.

„Was ist los mit dir? Hast du ein Gespenst gesehen?", fragt Olli und lacht.

„Mein Computer!"

„Unser Freund spricht in Rätseln.[12] … Komm, wir gehen ins Klassenzimmer. Gleich gibt's Mathe, dein Lieblingsfach."

Moon mag Einstein und Einstein mag Moon. Moon heißt eigentlich Carla Nowek, aber weil ihr Gesicht so rund ist, nennen ihre Freunde sie Moon.

Einstein ist unkonzentriert.
Dauernd denkt er an den Zeitungsartikel. War sein Computer auch im Lagerhaus? Und was war mit dieser Geschichte gestern im Hamburger-Restaurant? Haben die Männer etwas damit zu tun?
„Einstein! Hallo, aufwachen! Pause!"
Olli nimmt Einstein am Arm.
„Steht dein Angebot noch?", fragt Einstein.
„Welches Angebot?"
„Zeigst du mir das Lagerhaus am alten Hafen?"
„Klar! Nach der Schule kochen wir bei mir Spaghetti und dann ..."
„Ich glaube, ich habe keinen Hunger."

6

Vor dem Lagerhaus parken zwei Polizeiautos. Ein paar Männer stehen herum. Einstein und Olli kommen mit ihren Fahrrädern näher. Einstein holt die Skizze aus seiner Jacke.
„Auf der Zeichnung sieht das alles ganz anders aus."
„Zeig mal." Olli nimmt das Blatt und schaut zum Lagerhaus. „Stimmt. Und es gibt keinen Fluss. Egal, komm, wir sehen uns den Tatort mal genauer an!"
Sie sehen ein kaputtes Fenster und ein offenes Tor.

„Da sind sie rein! Und dann haben sie das Tor von innen geöffnet. Kinderleicht!", sagt ein Mann.

„Hat die Spedition keine Alarmanlage?", fragt Olli.

„Das waren Profis! Die schalten die Anlage aus und ratzfatz[13] ist das Lagerhaus leer."

„… und die Spedition ist pleite[14]!", sagt Einstein.

„Quatsch. Das zahlt doch die Versicherung."

„In der Zeitung steht, von den Dieben fehlt jede Spur."

„Das sagt die Polizei immer. Aber die ist seit heute Morgen im Lagerhaus und sucht.

Da! Der Hausmeister von Mansen! Der kann uns bestimmt mehr erzählen!"

Einstein erschrickt. Er kennt den Mann. Der war im Hamburger-Restaurant!

Der Mann sieht zu der Gruppe. Auch er erkennt Einstein wieder.

„He, Einstein! Hast du schon wieder ein Gespenst gesehen?", fragt Olli.

„Ich weiß nicht. Ich muss los, Olli. Ich bin um vier Uhr mit Dr. Schmidt verabredet …"

Dr. Schmidt ist schon seit zwei Jahren an der Schule. Aber manche Schüler sagen immer noch „der Neue". Er unterrichtet Mathematik und Biologie und ist sehr nett.

„Herr Schmidt?"

„Komm rein, Albert. Hier … Was ist los? Du siehst blass aus."

„Alles o.k. Bin nur ein bisschen schnell mit dem Fahrrad gefahren."

„Hier sind die Vitamine für deine Kaninchen."

„Vielen Dank, Herr Schmidt!"

„Nichts zu danken. Du kennst ja meinen Freund, Dr. Pietsch. Er bekommt immer Gratisproben. Und Vitamine sind wichtig, auch für Kaninchen! Albert? Ist etwas passiert?"

Einstein steht am Fenster. Jetzt ist er wirklich blass. Unten auf der Straße steht der Hausmeister der Spedition Mansen.

Plötzlich geht die Tür auf!

Olli stürmt herein:

„Einstein! Der Typ vom Lagerhaus ist dir nachgefahren!"

7

„Kann mir bitte jemand erzählen, was los ist?" Dr. Schmidt sieht Einstein und Olli an.

Einstein setzt sich und erzählt:

„… die drei Männer haben sehr leise gesprochen. Ich habe nur ein paar Wörter verstanden: Nacht, Skizze, Lastwagen und Lagerhaus. Und dann hat einer dem Hausmeister Geld gegeben. Ich glaube zehntausend Euro …"

„Ffffft!" Herr Schmidt pfeift durch die Zähne. „Nicht schlecht!"

„… und jetzt ist mein Computer weg!"

„Wieso glaubst du, dass dein neuer Computer im Lagerhaus war?"

„Ich habe heute Morgen eine E-Mail von der Computerfirma in Hamburg bekommen. Seit gestern Abend ist mein neuer Computer unterwegs. Und dann habe ich den Zeitungsartikel gelesen …"

„Die Skizze! Du hast die Skizze vergessen!", sagt Olli.

Einstein erzählt von dem Blatt Papier, das er mitgenommen hat. Herr Schmidt hört genau zu. Er steht am Fenster.

„Ist der Typ immer noch da?"

„Ja."

„Und was machen wir jetzt?"

„Rechnen!"

„Was?"

„Ja, wir rechnen", lacht Herr Schmidt.

„Oh nein!", stöhnt Olli.

„Passt mal auf: Ein Lastwagen braucht von Hamburg bis in unsere Stadt …"

„… ungefähr acht Stunden!"

„Bravo, Olli!"

„Ja und?"

„Also ist der Einbruch passiert, bevor mein Computer angekommen ist."

„Oder es hat gar keinen Einbruch gegeben!"

„Genau! Ein fingierter[15] Einbruch!"

Olli schaut ratlos.

„Darf ich die beiden Herren Mathe-Genies um ein bisschen Nachhilfe bitten. Ich kapiere nichts."

Einstein nimmt ein Blatt Papier:

„Olli, wenn der Lastwagen am Abend um sechs in Hamburg wegfährt, wann ist er dann bei der Spedition Mansen?"

„Um zwei Uhr morgens … Aber in der Zeitung steht …"

„Eben! In der Zeitung steht, der Überfall war kurz vor Mitternacht!"

„Der Hausmeister lügt!"

„Bestimmt! Und der Lastwagen ist vermutlich nie bei Mansen angekommen."

„Und wo ist der Lastwagen?"

Einstein schaut zu Olli und zu Dr. Schmidt. „Das ist ja das Problem, er kann überall sein. Und meinen Computer finden wir nie."

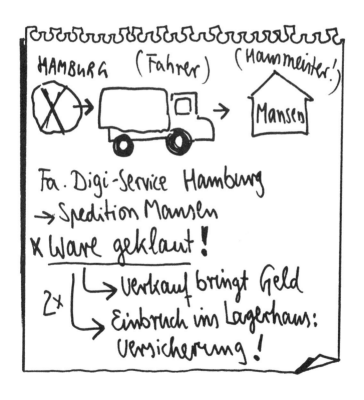

„Schlau, sehr schlau! Die Ganoven[16] kassieren doppelt!", sagt Dr. Schmidt. Er nimmt das Blatt Papier und ergänzt Notizen.

„Die verkaufen die Sachen vom Lastwagen und dann kassieren sie auch noch die Versicherungssumme!"

„Für den Verkauf bekommen sie bestimmt hunderttausend Euro. Und von der Versicherung noch mal zweihundertfünfzigtausend …"

„Davon kann man leicht zehntausend für den Hausmeister bezahlen!"

„Aber die Polizei prüft doch bestimmt alles nach. Da gibt es doch Quittungen", sagt Olli.

„Ich glaube, das ist kein Problem", antwortet Dr. Schmidt. „Wenn alle zusammenarbeiten: der Fahrer, der Hausmeister und …"

8

„Der Hausmeister! Er steht immer noch vor der Schule! Was sollen wir machen?"

„Lasst eure Fahrräder stehen. Ich bringe euch nach Hause. Mein Auto steht hinter der Schule. Da kann dieser Hausmeister bis morgen warten …"

Vorsichtig verlassen die drei die Schule durch den Hinterausgang. Sie steigen in den alten VW von Dr. Schmidt.

Auf der Fahrt hören sie laute Pop-Musik. Dann wird die Musik von Nachrichten unterbrochen:

*„… Brüssel: Die EU-Kommission bestätigt das Fahr-
verbot für Lastwagen. Damit gelten die Vorschriften
für das Wochenende weiter. Auch das Fahrverbot für
die Nacht bleibt bestehen. Fahrverbot gilt von 22 Uhr
bis 6 Uhr. Nur …"*

„Wir sind da! Da vorne wohne ich."
Dr. Schmidt parkt vor dem Haus.
„Habt ihr das eben gehört?"
„Ist der Motor kaputt?"
„Nein, ich meine die Nachricht im Radio."
„Nö, ich hab nicht aufgepasst."
„Aber ich!", sagt Einstein. „Das Fahrverbot für Last-
wagen! Ich habe eine Idee, und vielleicht finden wir
meinen Computer doch noch! … Kommst du mit
rein, Olli?"
„Ich verstehe mal wieder nur Bahnhof.[17] Aber sicher
kannst du mich gleich aufklären."
„Danke, Herr Schmidt!"
„Gern geschehen und rechnet schön!"

Dr. Schmidt fährt weg.
„Was hat er denn damit gemeint? ,Rechnet schön' –
ich denke, wir suchen deinen Computer."
„Klar! Wir berechnen seinen Standort."
„Guten Tag, ihr zwei! War das nicht Herr Schmidt?
Bringt er seine Schüler jetzt persönlich nach Hause?"
„Nur die Guten! Hallo, Mama! Wir gehen in mein
Zimmer und machen ein bisschen Mathe. Kann ich
Papas Autoatlas haben?"

„Nehmt euch doch einen Apfelkuchen mit. Ganz frisch! Und der Atlas liegt im Flur."

Olli isst das zweite Stück Apfelkuchen.
„Hm! Superlecker! Warum isst du keinen?"
„Erst die Arbeit, dann das Vergnügen!"
Einstein hat den Atlas aufgeschlagen. Er legt eine Folie auf die Deutschlandkarte und mit dem Zirkel macht er Kreise. Der Mittelpunkt ist Hamburg.

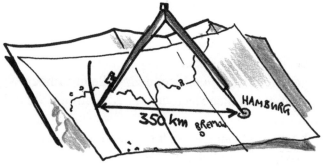

„Was machst du da eigentlich, Einstein? Geografie?"
„Nein, Geometrie! Wie viele Kilometer fährt ein Lastwagen in der Stunde?"
„Ich sage mal achtzig bis hundert. Kommt auf den Verkehr an."
„Gut. Sagen wir mal neunzig. Um sechs Uhr fährt er weg. Dann fährt er vier Stunden, sind 4 × 90, sind 360. Also circa 350 Kilometer. Kannst du mal den Computer anschalten?"
„Klar! Ich verstehe zwar immer noch Bahnhof, aber Hauptsache, der große Mathe-Meister weiß Bescheid. Und jetzt?"

„Geh mal ins Internet und dann zu ‚google‘.“

„Ich bin drin!“

„Und jetzt gib den Begriff ‚Entfernungstabelle‘ ein.“

„Mann! Langsam verstehe ich! Der Lastwagen fährt um 18 Uhr in Hamburg ab. Das Fahrverbot beginnt um 22 Uhr. Sind vier Stunden Fahrzeit, also 350 Kilometer. Essen!“

„Du kannst meinen Apfelkuchen auch haben.“

„Neiiin! Ich meine die Stadt Essen! Hier, schau, genau 350 Kilometer!“

„Sehr gut! Und jetzt such die Homepage von Essen, die haben bestimmt auch einen Stadtplan … Vielleicht haben wir Glück!“

„Volltreffer[18]! Wir haben Glück! Schau mal.“

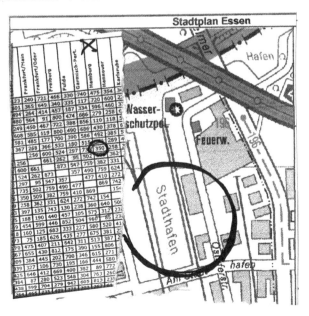

Alle sind gekommen: Moon, Jessica und Olli. Natürlich auch Dr. Schmidt. Stolz präsentiert Einstein seinen neuen Computer.

„Und den Drucker haben sie mir noch dazu geschenkt. Für die wertvollen Tipps!"

„Sherlock Holmes[19] hat ja auch nicht umsonst gearbeitet", lacht Olli.

„Danke, Dr. Watson! Und über Ihr Honorar müssen wir auch noch sprechen."

„Ich nehme einfach deinen alten Drucker. Den brauchst du ja jetzt nicht mehr."

„Den Schluss der ganzen Geschichte habe ich noch immer nicht kapiert. Wie seid ihr denn auf Essen gekommen? Zufall?", fragt Moon.

„Nein, Mathematik! Wir haben ein bisschen gerechnet …"

„Einstein hat gerechnet, genau gesagt."

„Da war doch noch die Skizze. Wir mussten nur den passenden Ausschnitt aus einem Stadtplan finden."

„Und dann?", fragt Jessica neugierig.

„Das erzählt euch Olli. Ich muss in die Küche."

„Wir haben Dr. Schmidt angerufen und ihm unsere Theorie erzählt."

„Und ich habe die Polizei angerufen. Den Hausmeister haben sie gleich vor der Schule verhaftet, der hat immer noch gewartet."

„Die Polizei in Essen hat das Lagerhaus durchsucht und alle gestohlenen Sachen gefunden. Auch Ein-

steins Computer!"
„Wo ist eigentlich Einstein?"
„Da kommt er!"

Alle sitzen im Garten um einen großen Tisch. In der
Mitte steht ein Topf.
„Gebt mir bitte eure Teller."
„Was gibt's denn?"
„Spaghetti à la Einstein!" Einstein lacht und bedient
seine Gäste.
„Selbst gekocht?", fragt Moon.
„Klar! Ab jetzt esse ich nie wieder fast-food! Viel zu
gefährlich!"
„Guten Appetit!"

Landeskundliche Anmerkungen/Glossar

[1] *Pommes*: Abkürzung für „Pommes Frites": frittierte Kartoffelstäbchen

[2] *Majo*: Abkürzung für „Majonäse": dicke Soße aus Eigelb und Öl

[3] *fast food*: englisch, schnelles Essen, z.B. Pommes, Hamburger etc.

[4] *sich null für etwas interessieren*: sich überhaupt nicht für etwas interessieren

[5] *Igitt!*: Das sagt man, wenn etwas scheußlich/eklig schmeckt oder ist; Synonym für „Pfui (Teufel)"

[6] *„Selbst ist der Mann!"*: Redewendung, wenn man sagen möchte, dass man etwas allein und ohne fremde Hilfe kann/macht oder gemacht hat

[7] *kalte Küche*: Essen, das man nicht kochen muss, sondern kalt essen kann, z.B. Brot, Wurst, Käse, Salat etc.

[8] *kinderleicht*: nicht schwierig/kompliziert, sehr leicht, ganz einfach, so leicht, dass es sogar Kinder können

[9] *„Was sein muss, muss sein."*: Redewendung, wenn man sagen möchte, das man etwas tun muss, obwohl man es nicht gern macht

[10] *Schoko-Pops*: mit Schokolade überzogene Cornflakes

[11] *„Immer mit der Ruhe!"*: Redewendung, wenn man sagen möchte: Ganz langsam, keine Hektik!

[12] *in Rätseln sprechen*: so sprechen, dass andere es nicht verstehen können, weil ihnen wichtige Informationen fehlen

[13] *ratzfatz*: sehr, sehr schnell, blitzschnell

[14] *pleite sein*: kein Geld mehr haben, zahlungsunfähig (bankrott) sein

[15] *ein fingierter Einbruch*: ein vorgetäuschter Einbruch (um andere zu täuschen)

[16] *der Ganove*: umgangssprachlich, der Dieb, der Kriminelle, auch: der Gauner

[17] *„Ich verstehe nur Bahnhof!"*: Redewendung, wenn man sagen möchte, dass man überhaupt nichts versteht

[18] *der Volltreffer*: wenn man genau ins Ziel trifft, z.B. mit einem Pfeil mitten in die Zielscheibe oder beim Fußball mitten ins Tor oder hier: wenn man genau die Information findet, die man braucht oder gesucht hat

[19] *Sherlock Holmes*: berühmte Krimifigur aus den englischen Kriminalgeschichten von Sir Arthur Conan Doyle. Der Detektiv Sherlock Holmes löst die Fälle mit seinem Freund und Mitarbeiter Dr. Watson.

Aufgaben, Übungen und Tests

A. Zu Kapitel 1

1. Ergänze die Sätze.

   a. *Einstein isst mittags im Restaurant, denn*

   ----

   b. *Einstein isst am liebsten* -------------------------- .

   Ich esse am liebsten ----------------------------- .

   c. *Das Hobby von Einstein ist* ----------------------

   ------------------------ . *Mein Hobby ist* --------------------

   ----

2. Einstein hört im Restaurant drei Männern zu. Erfinde eine kurze Geschichte und verwende die Wörter:

   Skizze – Nacht – Lagerhaus – schnell – zehntausend

B. Zu Kapitel 2

Ein Experiment: Arbeitet zu zweit. Jede/r von euch braucht ein Blatt Papier, einen Kugelschreiber und einen Bleistift. Legt das Papier auf diese Seite und malt und/oder schreibt etwas auf das Blatt Papier. Drückt dabei den Stift fest auf das Blatt. Nehmt das Blatt weg und tauscht die Bücher. Schraffiert die leere Seite wie Einstein mit dem Bleistift. Könnt ihr etwas erkennen? Was hat euer Partner / eure Partnerin gemalt oder geschrieben?

C. Zu Kapitel 3

Schreibe die Antworten.

1. Wer kocht?

    ....

2. Was gibt es zu essen?

    ....

3. Was erkennt Olli auf der Skizze?

    ....

4. Woher kennt Olli das?

    ....

D. Zu Kapitel 4

Schreibe die Sätze.

1. steht – 6.30 – *Einstein* – um – Uhr – auf

   Einstein ....

2. beginnt – 8.00 – die Schule – *Um* – Uhr

   Um ....

3. Mailbox – *Vor* – checkt – seine – der Schule – Einstein

   Vor ....

4. geschrieben – *Die* – Computerfirma – E-Mail – hat – eine

   Die ....

5. der – *In* – kommt – neue – Computer – zwei Tagen

   In ....

E. Zu Kapitel 5

Richtig oder falsch? Kreuze an.

	R	F
1. Jessica hat ein Reitturnier gewonnen.	☐	☐
2. Einstein interessiert sich für Sport.	☐	☐
3. Diebe sind im Lagerhaus am Hafen eingebrochen.	☐	☐
4. Die Polizei hat die Diebe schon gefunden.	☐	☐
5. Olli schläft in der Mathe-Stunde.	☐	☐
6. Nach der Schule fahren Olli und Einstein zum Lagerhaus.	☐	☐

F. Zu Kapitel 6

1. Was ist am Lagerhaus passiert? Fasse die Informationen zusammen.

Lagerhaus ausräumen
Tor offen Hausmeister
Fenster kaputt
Polizei Alarmanlage

2. Schreibe die Antworten.

   1. Was macht Einstein bei Dr. Schmidt?

     ---.

   2. Warum hat Einstein ein bisschen Angst?

     ---.

   3. Warum ist Olli so aufgeregt?

     ---.

G. Zu Kapitel 7

Was passt zusammen? Ordne zu.

1. Der Typ vom Lagerhaus	a. war kurz vor Mitternacht.
2. Ein Lastwagen braucht von Hamburg	b. bei der Spedition Mansen gegeben.
3. Der Überfall	c. wartet vor der Schule.
4. Es hat keinen Überfall	d. bis in Einsteins Stadt 8 Stunden.

H. Zu Kapitel 8

Wie finden Einstein und Olli die Lösung? Ordne die Sätze.

.... Olli weiß, wie viele Kilometer ein Lastwagen in der Stunde fährt.

.... Einstein und Olli wollen den Standort vom Lastwagen berechnen.

...1... Einstein und Olli sind zusammen bei Einstein.

.... Einstein rechnet aus, wie viele Kilometer ein Lastwagen in 4 Stunden fahren kann.

.... Einstein macht mit dem Zirkel Kreise.

.... Olli sucht im Internet den Stadtplan von Essen.

.... Olli sucht im Internet eine Entfernungstabelle.

.... Einstein legt eine Folie auf die Deutschlandkarte im Atlas.

I. Zu Kapitel 9

Lies noch einmal Kapitel 9 und ergänze dann die Wörter.

Einstein zeigt seinen Freunden den ....

Die Computerfirma hat Einstein den Drucker ....

....

Olli bekommt den alten .... *von Einstein.*

Olli und Einstein haben die Skizze mit dem ....

.... *verglichen.*

Dr. Schmidt hat die .... *angerufen.*

Die Polizei hat den .... *vor der Schule*

verhaftet.

Übersicht über die in dieser Reihe erschienenen Bände:

Stufe 1

Detektiv wider Willen	40 Seiten	Bestell-Nr. **606435**
Der Superstar	40 Seiten	Bestell-Nr. **606428**
– mit Mini-CD	40 Seiten	Bestell-Nr. **606433**

Stufe 2

Ausgetrickst	40 Seiten	Bestell-Nr. **606434**
Einstein und das tote Kaninchen	40 Seiten	Bestell-Nr. **606425**
– mit Mini-CD	40 Seiten	Bestell-Nr. **606429**
Kommissar Zufall	40 Seiten	Bestell-Nr. **606426**
– mit Mini-CD	40 Seiten	Bestell-Nr. **606430**
Das letzte Hindernis – mit Mini-CD	40 Seiten	Bestell-Nr. **606431**
Die Müllmafia	40 Seiten	Bestell-Nr. **606436**

Stufe 3

Anna	40 Seiten	Bestell-Nr. **606427**
– mit Mini-CD	40 Seiten	Bestell-Nr. **606432**
Die doppelte Paula	40 Seiten	Bestell-Nr. **606437**
Spuk im Nachbarhaus	40 Seiten	Bestell-Nr. **606438**